ACADÉMIE DE MARSEILLE.

ÉLOGE HISTORIQUE

DU

Père MILLEY

PAR

M. PAUL AUTRAN

SECRÉTAIRE PERPÉTUEL DE L'ACADÉMIE DE MARSEILLE,
ASSOCIÉ CORRESPONDANT DE L'ACADÉMIE DE LYON,
MEMBRE DE LA SOCIÉTÉ DE GÉOGRAPHIE DE PARIS, ETC., ETC.

MARSEILLE

TYPOGRAPHIE ET LITHOGRAPHIE Vᵉ MARIUS OLIVE
RUE PARADIS, 68.

1868

ÉLOGE HISTORIQUE

DU

Père MILLEY [1]

*Factus es Fortitudo pauperi
in tribulatione.......*
(Isaïe, 25. 4.)

C'est dans les grands périls qu'éclatent les grands courages.

Sur un champ de bataille, l'homme valeureux ne songe qu'à l'honneur et aux intérêts de son pays. Il affronte mille morts, et se couvre de gloire.

Dans une vaste calamité, lorsque l'épouvante est partout, qu'il s'agit de soulager s'il se peut, ou de consoler la souffrance et le malheur, l'héroïque vertu n'hésite point.

Elle embrasse tous les genres de sacrifices, pense à Dieu, et s'immole avec joie.

Comment ne pas admirer de tels dévoûments ?...

Il eut des droits à cette haute estime, le Père *Claude-François Milley*, que j'essaye aujourd'hui, Messieurs, de louer devant vous. Il consacra toute sa vie à la plus active charité, et s'efforça toujours d'en voiler le mérite par la plus humble modestie.

Il n'y a rien de certain sur le lieu de sa naissance.

D'après les renseignements que voulut bien nous communiquer, il y a quelques années, la maison principale des Jésuites à Rome, l'opinion la plus probable serait qu'il naquit le 28 janvier 1668, dans l'une des petites communes portant le nom de *Montigny, aux environs de Gray*, ville dépendante alors du diocèse de Langres.

Ce n'est là qu'une conjecture : mais ce qui parut, un moment, lui servir d'appui, c'est qu'en suite de longues et nombreuses recherches, dirigées par nous sur divers points, nous parvînmes à savoir que le maire de *Montigny-sur-Vingeanne (Côte-d'Or)* avait découvert, dans les registres de sa commune, un acte d'état civil ainsi conçu :

« Le 27 octobre 1717 est décédé à la *Villeneuve*, « paroisse de Montigny, Jean Millet, *laboureur*, âgé de « soixante-douze ans. »

M. le maire nous mandait, en outre, que cet acte de décès si laconique, ne disait point de qui ce *Jean Millet* était fils, ni s'il était célibataire, ou marié, ou veuf ; que pourtant, sur son âge, il pouvait bien avoir été le *père* du jésuite Millet.

Mais M. le maire nous mandait, en même temps, que les registres précités ne remontaient point au delà de 1666 ; qu'il n'avait plus rencontré ce nom, ni aux naissances, ni aux décès, après l'acte de 1717, et qu'il n'y avait d'ailleurs personne qui le portât maintenant, ni dans sa commune, ni dans les environs.

Ce dernier exposé affaiblissait malheureusement l'importance du premier, et nous rejetait dans le vague à l'égard d'une famille que nous aurions tant désiré de connaître.

Sans ce moyen, en effet, comment découvrir ce que fit le jeune Milley auprès de ses parents ou de ses maîtres : nous savons, il est vrai, que de bonne heure il se montra ce qu'il devait être un jour, un homme d'élite, par la bonté du cœur, la vivacité de l'esprit, la sagesse des principes et l'énergie du caractère.

On regrette toutefois de n'avoir à saisir (pour un temps d'ordinaire si intéressant à étudier) que de faibles analogies. Il semble que Dieu ait voulu tenir caché, dans la vie de cet excellent homme, ce qui serait propre seulement à satisfaire la curiosité.

Cette obscurité disparaît, lorsqu'on atteint l'époque où s'avancent ses études, dans le collége de la Trinité, tenu alors à Lyon par les Jésuites. Dès lors, tous ses mouvements sont notés, et peuvent être suivis, sans incertitude, jusqu'à ses derniers jours.

En me bornant à les indiquer, je ne me dissimule point que je n'aurai guère à raconter que des choses pieuses et modestes, comme la vie d'un bon prêtre ; mais le savoir et la vertu, quand ils sont joints à la grandeur d'âme, ennoblissent tout, et j'avouerai, Messieurs, avoir recherché comme un bonheur l'occasion de rappeler l'extrême mérite d'un tel homme.

Le jeune Milley était âgé de dix-sept ans quand il entra dans la Compagnie de Jésus, le 10 septembre 1684.

Il avait commencé l'année d'auparavant l'étude de la philosophie ; il la termina à Lyon en 1688. On a retrouvé avec plaisir un ancien catalogue sous cette dernière date, portant le nom de cet étudiant, décoré du titre d'*admoniteur*, c'est-à-dire d'une place de confiance que l'on n'accordait qu'à ceux qui se distinguaient par leurs vertus et leurs talents. C'était donc un heureux présage pour l'avenir ; il n'a pas été démenti.

On le chargea, dans le même collége (dans les années de 1689 à 1693) du soin de professer diverses classes, depuis la sixième jusqu'aux humanités.

Il professa la rhétorique à Aix, en 1706.

C'est à Avignon qu'il fit son noviciat, et à Lyon qu'il étudia la théologie.

Il y fut promu aux ordres sacrés en 1696, et fit la profession solennelle des quatre vœux, le 2 février 1702.

C'est en 1700 et 1701, qu'il commença ses courses évangéliques. D'abord simple missionnaire dans les Cévennes, il en fut supérieur en 1702, et prédicateur à Alais.

Nous ne le suivrons point pas à pas dans les nombreuses stations qu'il parcourut pendant plusieurs années, jusqu'en 1715. C'est principalement à Lyon et dans notre ville qu'il se fit le plus souvent entendre. Sa voix était partout aimée. On était touché de son zèle, attiré par sa douceur et persuadé par cette simple et pénétrante éloquence qu'on ne peut puiser que dans son âme. Aussi avait-il le bonheur de s'apercevoir que l'on accueillait ses discours, non pas seulement par vaine satisfaction, mais pour les mettre à profit.

Cette sorte de succès, si précieuse à son cœur, l'encourageait lui-même et le rendait de plus en plus infatigable, soit dans le ministère de la parole, soit dans la direction d'une foule d'œuvres de charité. On ne s'adressait jamais en vain à sa bonne volonté : son zèle répondait à tout. Il donna, pendant plusieurs années, des soins assidus à la conduite de deux nombreuses réunions de Messieurs et de Dames, en notre ville. Tous l'honoraient de la plus cordiale estime.

Il se faisait un devoir sacré de visiter fréquemment les prisons et les hôpitaux.

Quoique absorbé par tant de travaux, il trouvait encore le temps pour écrire de divers côtés, sur des demandes de direction spirituelle qui lui étaient soumises.

Sa nombreuse correspondance, restée manuscrite, en copie, fournit la preuve qu'il multipliait ses conseils avec un inaltérable sentiment d'indulgence et de bonté. Dans ses pensées, dans ses avis paternels, une seule chose dominait : c'était un profond désir d'attirer et d'attacher à Dieu le plus qu'il pouvait. Il variait pour cela les moyens, mais son but était toujours le même et il l'atteignait sans nulle étude. Essentiellement humble et modeste, il s'abaissait de plein cœur pour gagner et captiver la confiance, comme aussi pour encourager et raffermir dans la pratique du bien. En un mot, son zèle fut presque celui d'un apôtre.

Quand on l'a bien étudié dans ce qu'il a fait ou ce qu'il a simplement écrit, on n'est point étonné de l'héroïsme qu'il déploya à la funeste époque qui amena sa mort. Il n'aspirait qu'à une fin prochaine qui pût être agréable à Dieu.

Hélas! l'occasion ne s'en offrit que trop tôt!

Ici, Messieurs, je touche aux déplorables événements qui affligèrent Marseille en 1720. Je n'ai pas le dessein de retracer le sombre tableau dont l'histoire a depuis longtemps rapporté les détails. Je n'indiquerai que quelques traits inséparablement liés à mon sujet.

On sait que la contagion apportée de Syrie dans notre Lazaret, était obstinément méconnue, lorsqu'elle fut furtivement introduite dans la cité.

Le premier décès apparut le 20 juin, dans la rue *Belle-Table* (2), l'une de celles qui ont été récemment détruites. La rapidité de cette mort et de quelques autres qui survinrent dans le voisinage, semèrent l'épouvante sans emporter tous les doutes. Notre illustre évêque, Mgr de Belsunce, et nos magistrats ne s'abusèrent point sur la véritable cause de ces accidents; mais, pour ne pas trop alarmer les esprits, on n'usa que timidement de précautions. Comment, d'ailleurs, combattre avec puissance une soudaineté si imprévue qui, de moment en moment, devenait plus menaçante?

Pendant que l'on hésitait, le mal s'aggravait. Le 26 juillet, on apprend d'une manière certaine que, dans la rue de l'*Escale*, quartier habité par de pauvres gens (où avait éclaté l'un de ces premiers sinistres décès), quinze personnes viennent de tomber malades de la peste; elles meurent en deux jours, et pourtant les médecins et les chirurgiens consultés persistent à nier l'évidence. Ils aiment mieux attribuer encore la mortalité à toute autre cause que le fléau. La prudence de nos consuls répugne toujours à adopter cette erreur; ils n'en poursuivent pas moins, avec lenteur, l'ordre de leurs mesures, toujours guidés par les mêmes motifs ; de son côté la violence du mal ne fait que s'accroître.

Le 28 juillet, un grand nombre de morts et de malades survient dans la rue de l'Escale et sur la petite place qui est en haut, ainsi qu'aux alentours.

On continue à porter aux infirmeries, pendant la nuit, ces divers pestiférés, comme précédemment.

Le 29 *juillet* et les dix jours suivants, la contagion reparaît, non seulement plus terrible dans la même rue : elle se dissémine dans celle *des Fabres* et sur le *Cours*.

Peu de jours encore, et sous les coups de la même fureur, tous les quartiers de la ville vont être envahis.

La famine, la misère et le fléau semblent s'être joints pour tout détruire !... (3).

La mort frappe sans mesure : elle moissonne ses victimes *par milliers*. On ne peut plus suffire aux inhumations. Les bras et les moyens manquent à la fois pour le transport des cadavres dans les diverses fosses qui ont été ouvertes. De là leur entassement dans les maisons, bientôt après dans les rues, sur toutes les places publiques, les quais du Port et les approches de l'Hôtel-de-Ville.

Pour comble d'alarmes et de deuil, les églises se ferment, et les cloches se taisent : partout le silence, l'effroi, la consternation !...

Quelles en seront les suites ? Si le ciel ne daignait mettre un terme prochain à tant de douleurs, c'en serait fait d'une ville autrefois si renommée par sa grandeur et l'éclat de sa prospérité !...

Le Père Milley a pressenti de bonne heure les désastreux résultats de la maladie introduite dans Marseille, si elle est décidément *la peste*, comme il avait été des premiers à le conjecturer. A cette affreuse certitude, ses entrailles s'émeuvent. Il prévoit d'un coup d'œil la détresse où vont être plongés tant d'infortunés, les malheureux surtout qu'il voit affluer dans la rue de l'*Escale* et dans les environs, où il se rend, chaque jour, pour confesser les malades, depuis le commencement de juillet.

Pour pouvoir leur donner des soins plus assidus, et mieux travailler au soulagement de l'âme et du corps, il conçoit le projet de s'établir à demeure auprès de ces pauvres gens, et d'y remplir les périlleux devoirs de commissaire aux secours et de confesseur, si Messieurs les Echevins l'y autorisent.

Comme ce quartier devient de plus en plus le foyer de la contagion, personne n'avait jusqu'alors osé en prendre le département. On l'avait même barricadé avec des corps de garde aux avenues, pour que personne ne pût y entrer ni en sortir.

Messieurs les Echevins connaissaient depuis longtemps les charitables dispositions du Père Milley. Ils ne sont donc pas surpris de l'offre généreuse qu'il vient leur faire; ils l'acceptent avec effusion de reconnaissance, et l'assurent de toute leur sympathie !

Il est plus aisé de comprendre, Messieurs, que de dire tout ce qu'il fit de bien dans ce triste séjour où il avait à vivre, auprès des cadavres entassés dans la rue de l'Escale, et dans plusieurs autres, encore plus étroites, qui y aboutissent.

Il allait sans cesse, de maison en maison, porter des paroles de foi, de patience, distribuant aux sains et aux malades le bouillon dont il avait organisé pour eux le service (4) ; il le leur donne lui-même, et leur remet abondamment les aumônes que de nobles cœurs avaient déposées dans ses mains. Aussi le bénissait-on partout comme un ange consolateur ! Tant de compassion et tant de bienfaits ne restaient pas sans gratitude ; les pauvres s'attachaient aux pas du bien-aimé religieux et le remerciaient, en pleurant, de tous les sacrifices qu'il s'imposait pour eux.

Le Père Milley ne les quittait que par moments, pour se rendre en hâte vers d'autres lieux où l'on réclamait son assistance, ou pour accompagner Mgr de Belsunce dans ses courses ou visites pastorales, à travers l'entassement des cadavres.

✵✵

Telle est la tâche qu'il avait ardemment recherchée. Il la remplit sans nul fâcheux accident jusqu'au 27 août, jour où il se trouva assez gravement incommodé.

Il écrivit, le lendemain, de la résidence de *Saint-Jaume* (5), où il se trouvait, une lettre à Monseigneur, dans laquelle il lui marquait n'avoir pu se rendre à l'assignation qu'il lui avait donnée, parce qu'il se sentait déjà comme tout infecté, et qu'il avait peu d'espoir de le revoir ; il ajoutait que, quant à Sa Grandeur, elle n'avait rien à craindre pour sa sûreté personnelle ; parce que Dieu, toujours bon, toujours clément, n'affligerait pas le troupeau dans la personne du bien-aimé pasteur dont il avait tant de besoin.

Le Père Milley continue à se trouver mal le 29 août. Le 30, il reçoit le Saint-Viatique qui lui est administré par ses confrères. Les voyant rangés autour de lui, il les console et les exhorte tendrement : « Et vous aussi, mes Pères, leur dit-il, vous approchez du terme de vos travaux. Bénissons Dieu de tout ce qu'il daigne nous offrir à espérer, pour quelques jours de souffrance sur la terre !... »

Ces intrépides confesseurs, dont le nom nous est connu et que nous désignons ci-bas, succombèrent tous, en effet, au bout de peu de jours, à la réserve de l'admirable *Père Levert* (6) qui aurait voulu pouvoir remplacer ses chers défunts, et qui, quoique très-vieux, fit des prodiges de charité (7).

Le 1er septembre, un homme d'un très-grand mérite et qui était l'intime ami du Père Milley va le voir et lui dit : « Mgr l'Evêque et tous vos amis sont affligés de votre maladie (8) » Il répond qu'il priera Dieu pour eux !... Ce sont là les dernières paroles qu'il prononça. Il mourut paisiblement le 2 du même mois.

C'est le lendemain de ce jour, qu'accablé de tristesse à l'aspect de si lugubres choses, et d'un avenir qui semble fermé à toute espérance, Mgr de Belsunce éprouve le besoin d'épancher son immense douleur ; il s'adresse à

Mgr de Forbin-Janson, archevêque d'Arles, dont il était alors suffragant.

Dans ce qu'il lui dit, ce digne prélat se montre abattu, brisé, presque découragé, tant il souffre, tant il voit souffrir ! Mais qu'on se rassure... Cette âme supérieure ne tardera pas à faire effort sur elle-même, et à ressaisir sa vigueur.

Voici sa lettre :

« Dieu, par sa miséricorde, préserve votre ville, Monseigneur, du terrible fléau qui nous accable et qui a passé à *Vitrolles* ! Jamais plus affreuse situation que celle où je me trouve ; j'ai besoin de vos prières, je vous les demande instamment, mon très-illustre Seigneur, avouant ingénûment qu'il est des moments où le courage m'abandonne et que je me trouve dans la désolation. Depuis plus de *quarante jours*, je n'entends parler que de morts et de mourants (9). Jusqu'à présent, tout le monde a été confessé, et le Viatique porté à tous avec une exactitude qui a peu d'exemples ; mais, à présent, je ne sais où donner de la tête ! J'ai au moins quarante confesseurs morts et je me vois à la veille de voir mourir sans sacrements. On s'oppose à ce que je les administre moi-même, sous prétexte que le désordre serait désormais sans remède si je venais à être frappé. Je fais des monitions aux prêtres et aux religieux fugitifs ; mais je doute de l'efficacité, l'épouvante étant à son comble.

« Par le peu d'ordre qui se pratique, les morts gissent dans les rues, ils y pourrissent à demi, sans être enterrés. J'ai eu bien de la peine à en faire enlever plus de cent cinquante qui étaient autour de ma maison, à demi-pourris et rongés par les chiens. Déjà l'infection s'étendait chez moi, de sorte que je me voyais forcé d'aller loger ailleurs. Le spectacle et l'odeur de ces cadavres dont les rues sont pleines, ne pouvait se soutenir ni l'un ni l'autre ; j'ai été forcé de demander un corps de garde pour empêcher en partie qu'on n'apporte encore des cadavres dans les rues environnantes.

« Le pauvre Père *Milley*, dont le zèle a été sans exemple, qui a remédié à tout, était l'âme de tout, et qui m'a toujours encouragé, a travaillé pendant près de cinquante jours sans accident, mais, le 23 du mois passé, il confessa pendant près d'une heure, au milieu d'un monceau de morts infects. L'odeur fit impression sur lui. On prétend même qu'il tomba sur un mort. Il se trouva mal le 28 août; mais comme rien n'était capable de l'arrêter, il confessa le 29 jusqu'à midi, et fut réduit à s'aliter.

« Dieu, qui me punit, a été sourd à mes prières et peu touché de mes larmes ! Ce saint homme est mort *hier*, *à midi*. Je suis persuadé de son bonheur, mais ce coup m'afflige et me déconcerte au delà de ce que je puis vous le dire.

« Que ceci est long et affreux, Monseigneur; il semble que la mortalité diminue un peu dans la ville, mais elle s'étend rigoureusement sur le sacerdoce; six Jésuites, seize Capucins, huit ou dix Observantins, autant de Récollets et dix prêtres séculiers sont déjà morts.

« La misère est extrême. Enfin, sans un secours particulier de Dieu, je crains de ne pouvoir résister à mes peines et à mon extrême douleur !... »

A travers des plaintes si touchantes, on aime à lire les lignes tracées par Mgr de Belsunce sur la perte du *Père Milley*. On voit que c'est le cœur qui a écrit. Il l'aimait tendrement parce qu'il l'avait connu à fond, et que, dans l'amour du bien, c'était un énergique coopérateur.

Les grandes actions toujours déterminées par la bonté du cœur forment le vrai mérite de l'homme : tôt ou tard on lui rend justice. C'est ce qu'ont fait tous ceux qui jusqu'ici ont écrit sur le *Père Milley* (10).

La colonne érigée sur une de nos places (aux premières années de ce siècle) l'a aussi dignement apprécié en le désignant à côté du *Chevalier Roze*, dont, à son insu, il fut l'émule en grand dévouement.

C'est à l'avenir que s'adresse principalement l'histoire. Si je l'osais, j'affirmerais que les générations suivantes répondront par le même sentiment à ce témoignage de reconnaissance publique !

Oui, Messieurs, aujourd'hui comme alors, le nom du Père Milley n'est pas seulement en honneur dans la pieuse société qui l'a produit : il est partout chéri et vénéré ! (11).

On admire son courage, on bénit sa mémoire, parce que dans la carrière de fatigues et de périls où il ne cessa de marcher, son cœur ne connut qu'une ambition, qu'une pensée : celle de plaire à Dieu, en devenant la force du pauvre !

NOTES.

(1) Cette pièce fut lue le 13 septembre 1863, à la séance publique de l'Académie de Marseille.

(2) Cette rue étroite et escarpée descendait vers le sud, dans la rue Ste-Marthe, et aboutissait, au nord, à l'une de ces petites rues qui avoisinent celle de l'*Echelle*.

(3) Dans cette cruelle situation, les mendiants, les gueux, les pillards se concertèrent pour tirer parti de cet affreux état. Presque tous couverts de crimes, ils n'aspiraient qu'à jouir de la dépouille des riches. Ils entraient dans les maisons des pestiférés pour voler, et au besoin assassiner impunément. En voici un déplorable exemple :

« Une jeune demoiselle de qualité avait eu le malheur de perdre, en très peu de jours, ses plus proches parents. Quand elle se vit seule, avec de grands biens, sans aucun moyen de sûreté personnelle, sa peine et ses craintes redoublèrent ; elle sentit qu'il fallait sortir au plus tôt d'un tel péril. Dans cette pensée, elle se mit à la fenêtre, et voyant passer un jeune officier de sa connaissance, à la tête de quelques soldats, elle lui dit : — Venez, Monsieur, à mon secours; je vous offre d'avance ma main et une grosse fortune. — L'officier lui répond qu'il est chargé d'un ordre de service pressant et indispensable, mais qu'il va faire hâte pour conduire ses soldats chacun à son poste, et qu'il la rejoindra diligemment. — Ah ! Monsieur, lui dit-elle les larmes aux yeux, je crains bien que vous n'y soyez pas à temps...

Sa prévoyance n'était que trop fondée ! Quand l'officier retourna, il trouva cette belle personne horriblement assassinée et baignée dans son sang... Que l'on juge de sa douleur !!! Il en fut presque inconsolable.

(*Ceci est historique*).

(4) Jamais on ne mit en doute l'active charité du Père Milley ; ce n'est pourtant pas sans quelque intérêt qu'on en rencontre une trace écrite dans les archives de notre état-civil.

Dans une note des maisons de la *rue de l'Escale*, où pénétrèrent en foule, comme on sait, la mort et le deuil en 1720, on lit ces mots :

« Maison de *Marguerite Jourdan*, les deux sœurs qui faisaient le bouil-
« lon d'ordre du père Milley. »

Ces deux charitables filles moururent dans le mois de septembre, probablement peu de jours après ce digne religieux, qu'elles avaient secondé de tout leur zèle.

Leur nom ne périra point.

(5) Aux premières années du siècle dernier, les Jésuites obtinrent du roi Louis XIV le don de l'ancienne fonderie, qu'il avait dans le quartier du *Roi des Moulins* (l'endroit le plus élevé de la ville), pour y faire bâtir un observatoire. Cette maison, à laquelle on donna la dénomination de *Sainte-Croix*, fut terminée, et l'Observatoire mis en activité en 1702, sous la direction du *Père Laval*.

En 1720, il eut pour successeur le Père Pézénas, autre jésuite, fort instruit comme mathématicien et comme astronome. Forcé de quitter Marseille en 1764, par suite de la suppression des Jésuites en France, il se retira à Avignon, sa ville natale.

Il fut remplacé à l'Observatoire par *M. Saint-Jacques de Silvabelle*, savant des plus respectables par ses talents et par ses vertus. Il s'appliqua, pendant sa longue carrière, à rassembler en instruments de choix tous les moyens d'accroître l'utilité et la célébrité de l'établissement qu'il dirigeait. Cet excellent homme fut universellement regretté à sa mort qui eut lieu le 20 février 1801.

M. Thulis, qui avait été l'un de ses adjoints, le remplaça après sa mort, mais ce ne fut que pendant neuf ans, étant décédé le 25 janvier 1810. — Ainsi continuèrent successivement à fonctionner les divers directeurs de cet Observatoire, jusqu'au jour où il fut transféré à celui de *Longchamp*, il y a peu d'années.

Dans ce même local de *Sainte-Croix*, on éleva une église à laquelle on donna le nom de *la Grande-Miséricorde*, et qui ouvrait sur la rue de la Caisserie; elle était grande et appropriée aux besoins des alentours, aussi était-elle toujours très fréquentée. Mais à la suite de la Révolution, cette belle église fut démolie de fond en comble pour avoir passagèrement servi a des réunions sectionnaires : ce qui était alors regardé comme un crime.

La résidence de *Saint-Jaume* (synonime de Saint-Jacques, en idiome catalan) était plus ancienne, mais moins vaste que celle de Sainte-Croix ; néanmoins, comme elle était centralement placée, on l'utilisa pour divers services auxquels prit part sans doute le Père Milley, à qui son cœur avait depuis longtemps appris tous les secrets de la charité. — S'il fut un des trois professeurs qui enseignaient, dans ce même lieu, la théologie scholastique, positive et morale, il dut être arraché à ce travail par l'apparition du cruel fléau dont il allait être la victime.

D'après la connaissance de nos recherches, la maison principale des Jésuites, à Rome, voulut bien nous faire transmettre la note que nous rapportons ici textuellement :

« P. Claudius Franciscus Milley, professus quatuor votorum ætatis annum agens quinquagesimum-tertium Massiliâ, in residentiâ S. *Jacobi* mortuus est, ex præstito peste infectis obsequio. Vir fuit pietate non vulgari conspicuus, et zelo plane apostolico incensus. Ex concionatoris munere quod annos complures exercuit, non laudem solum retulit, sed et fructus in animarum salute uberrimos. Urbem aliquam ingressus ad conciones habendas, nullum erat bonorum operum genus quod non zeli sui amplitudine complecteretur. — Ex quo Massiliensem luem verè pestilentiam esse agnovit, certissimæ se devovit morti pro salute non animarum solum sed et corporum; quibus utrisque operam navavit adeo strenuam ut obierit, labore fructus, non mùsis quam consumptus pestilentiâ. Extant Massiliæ, ubi postremos vitæ annos exegit, insignia ipsius zeli et pietatis monumenta cum ibidem ipsum etiam invocare tanquam sanctum, nonnulli non dubitent.

« Obiit 2 Septembr 1720; ingressus erat societatem, anno 1684.

« De ipsius autem patriâ, nihil certi affirmari potest. In aliquibus enim catalogis dicitur *Montanensis*; in aliis *Montiniensis*; in aliis *Grayacensis*; in aliis *Sequanus*; Diœcesis *Lingonensis*; sæpius verò *Grayacensis*. »

CATALOGUS

Eorum è Societate Jesu qui ex obsequio peste infectorum, Massiliæ defuncti sunt, anno 1720.

« P. Jacobus-Franciscus Bernardet, Salinensis, die 25 augusti.
« Fr. Jacobus Joffre, diœcesis Sau.-Paulensis, 25 augusti.
« P. Franciss-Xaverius Favier, Burgensis, 27 augusti.
« Fr. Bartholomæus Hybert, Lugdunensis, 30 augusti.
« Fr. Joannis-Baptista Gudin, Gratianopolitanus, 30 augusti.
« P. Claudius-Franciscus Milley, Montiniensis, 2 septembr.
« Fr. Joannis Vial, diœcesis Ebridensis, 7 septembr.
« P. Augustinus Meyronnet, Aquensis, 13 septembr.
« P. Josephus de Morthès, diœcesis Avenionensis, 13 septembr.
« P. Ludovicus Lugans, Rutonensis, 14 septembr.
« P. Joannis-Baptista Thioly, Lugdunensis, 28 septembr.
« Fr. Claudius Meslin, diœcesis Lugdunensis, 30 septembr.
« P. Claudius Dufey, Selusianus, 2 octobr.
« P. Claudius Prost, Lugdunensis, 2 octobr.
« Fr. Thomas Gallety, diœcesis Bisuntinæ, 8 octobr.
« Fr. Marcellinus Guillaumont, diœcesis Anisiensis, 22 octobr.
« Fr. Raymundus-Chrisogonus Perrin, Avenionensis, 7 novembr. »

TRADUCTION DE LA PRÉCÉDENTE NOTE.

Le Père Claude-François Milley, qui était profès des quatre vœux, est mort dans la cinquante-troisième année de son âge, à Marseille, dans la résidence de *Saint-Jacques*, par l'effet des soins qu'il rendait aux malades infectés de la peste. Ce fut un homme distingué par une grande piété et rempli d'un zèle vraiment apostolique. Pendant plusieurs années, il s'adonna aux travaux de la chaire, et s'en acquitta non seulement avec honneur, mais son auditoire en recueillit des fruits abondants de salut. Dans les villes où il allait prêcher, il n'y avait nulle espèce de bonnes œuvres qu'il n'entreprît et embrassât avec empressement et effusion. Dès qu'il eût acquis la certitude que la maladie introduite à Marseille était réellement la peste, il se dévoua à une mort immanquable pour tâcher de procurer aux malades la guérison du corps et le salut de l'âme. Il se livra à ces soins périlleux avec tant d'ardeur et d'intrépidité, qu'il mourut brisé de fatigues autant que consumé par la maladie. Il existe à Marseille, où il passa les dernières années de sa vie, de si éclatants témoignages de son zèle et de sa piété, que plusieurs personnes n'hésitent pas à l'invoquer, même comme un saint.

Il mourut le 2 septembre 1720. Il était entré dans notre Société l'an 1684.

On ne peut rien affirmer de certain sur le lieu où il naquit. Sur quelques catalogues on parle du pays de la montagne (Bourgogne), sur d'autres de Montigny, de Gray (Franche-Comté), de Langres, mais plus souvent de Gray.

CATALOGUE

Des Membres de la Société de Jésus qui sont décédés au service des Pestiférés, à Marseille, en 1720.

P. Jacques-François Bernardet, de Salins, le 25 août.
Fr. Jacques Joffre, du diocèse de Saint-Paul-Trois-Châteaux, 25 août.
P. François-Xavier Favier, de Bourg-en-Bresse, 27 août.
Fr. Barthélemy Hybert, de Lyon, 30 août.
Fr. Jean-Baptiste Gudin, de Grenoble, 30 août.
P. Claude-François Milley, de Montigny, 2 septembre.
Fr. Joseph Vial, du diocèse d'Embrun, 7 septembre.
P. Augustin Meyronnet, d'Aix, 13 septembre.
P. Joseph de Morthès, du diocèse d'Avignon, 13 septembre.
P. Louis Lugans, du Rouergue, 14 septembre.
P. Jean-Baptiste Thioly, de Lyon, 28 septembre.
Fr. Claude Meslin, du diocèse de Lyon, 30 septembre.
P. Claude Dufey, de la Bresse, 2 octobre.
P. Claude Prost, de Lyon, 2 octobre.
Fr. Thomas Gallety, du diocèse de Besançon, 8 octobre.
Fr. Marcellin Guillaumont, du diocèse du Puy, 11 octobre.
Fr. Raimond-Chrysogone Perrin, du diocèse d'Avignon, 7 novembre.

Ici, je ne puis taire une chose triste et pénible, mais si essentielle, que je me croirais blâmable si je la passais sous silence.

Nous avons déjà vu que, de la mi-août à la mi-septembre, Marseille présentait l'image d'une effrayante désolation. Faute de bras, il n'était plus possible d'inhumer les morts. Les cadavres s'amoncelaient dans les rues et sur les places publiques. *Le Cours en était tout entier couvert.* Que serait-il advenu si le ciel n'eût ouvert à cette cité un puissant secours? L'arrivée de M. le commandeur *de Langeron* vint changer la face des choses. Il releva les courages abattus et prépara les moyens d'une complète amélioration.

Quant au Père Milley et aux 17 autres Jésuites morts, comme lui, au service des pestiférés, on ne sait absolument rien sur leur sépulture, mais il est très-probable que leurs cercueils furent déposés dans l'église de *Saint-Jaume*, vers la petite rue *du Pont*.

Il dut en être de même pour le corps du *Père Levert*, mort peu d'années après, dans les bras de *Mgr de Belsunce*.

Ce caveau resta entièrement clos jusqu'en 1790, où on le rouvrit pour y renfermer le corps d'un jeune oratorien, le *Père Daumas*, qui professait alors la cinquième. Il était mort comme foudroyé par une fièvre pernicieuse. Tout le collége le pleura, tant il était aimable !

Lorsque survinrent les assemblées sectionnaires, celle qui siégeait dans l'église de Saint-Jaume eut à subir toutes les rigueurs du parti opposé.

On s'empressa de démolir l'église, en ne laissant guère debout que la façade, que l'on voyait encore dans ces derniers temps.

Plus tard, s'éleva dans le milieu, une petite maison ayant son entrée dans la petite rue *du Pont*, dont nous avons déjà parlé. Les fondements de cette bâtisse portaient sur le caveau où étaient les restes vénérés à tant de titres! Qu'en fit-on alors? On l'ignore; mais on aime à croire qu'on les fit transporter au cimetière de *Saint-Martin*, qui s'est tant agrandi depuis.

On manque de tous renseignements à cet égard, et il est peu vraisemblable qu'on en obtienne depuis, car M. Gassend, ingénieur, directeur de la voierie, m'a assuré qu'en fesant déblayer l'emplacement de cette église, même dans tous les alentours du collége, à cause de l'ouverture de la rue Impériale, on n'a pas découvert le plus petit vestige d'ossements...

Il n'est pas rare que les révolutions amènent des ruines qui disparaissent bientôt elles-mêmes! *Etiam periere ruinæ!*

(7) Ce vénérable vieillard semblait avoir oublié son grand âge, l'horrible situation où était Marseille, et les effrayants progrès de la contagion.

Une seule chose l'occupait, le grand nombre de ceux qu'il voyait souffrir, et l'ardent désir qui l'animait de pouvoir les soulager.

Ce zèle ne s'affaiblit point. Il fut l'ami et l'appui des malheureux, tant qu'il vécut.

C'est ce que témoigne l'esquisse de sa vie, tracée par ses confrères. La voici :

« Le sixième jour de Janvier 1725, le Père *Jean Pierre Levert* couronna par une mort édifiante, une longue vie passée presque toute entière dans l'exercice du ministère apostolique. Après avoir travaillé longtemps dans les Missions étrangères, en Égypte, dans la Perse, la Syrie, et jusques dans les Indes, on le rappela en France, et on l'envoya à Marseille, où il a édifié singulièrement par l'exemple de ses vertus, par son zèle admirable, et spécialement par sa tendre charité envers les pauvres. Rien ne lui coûtait lorsqu'il s'agissait de les soulager dans leurs besoins spirituels ou temporels ; mais ce qui est au-dessus de tout éloge, c'est le courage héroïque avec lequel il se dévoua *pendant la Peste*, qui ravagea cette grande cité, au service de ceux qui étaient atteints de la contagion. On le voyait *à l'âge de près de 80 ans*, parcourir sans relâche les différents quartiers de la ville, pour porter des secours aux malades, entendre leurs confessions, et donner la sépulture aux cadavres dont la terre était jonchée : son zèle et ses forces semblaient s'accroître à mesure que le mal devenait plus intense.

« De tous les Pères qui composaient la résidence de Marseille, il fut le seul que la Peste épargna, et il se fit l'infirmier de tous ; mais comme si Dieu eût voulu montrer qu'il ne l'avait soutenu jusque là que pour le salut d'une multitude d'âmes qui auraient été privées des secours de la religion, à peine la contagion eut-elle disparu que le saint vieillard sentit tout à coup une faiblesse extrême, à laquelle se joignirent bientôt des infirmités graves qu'il supporta avec une invincible patience, et qui ajoutèrent un nouveau lustre à ses admirables vertus ».

On a oublié, dans ce récit, une action qui seule aurait pu dire tout ce qu'il y avait de courage et de piété dans le Père Levert :

Il passait un jour dans la rue de Ste-Marthe, et se trouvant près de l'Eglise, il vit le cadavre tout nu d'un pestiféré qui se trouvait dans le ruisseau et fermait le passage, il prend son mouchoir, couvre la nudité de cet homme, et le range ensuite à côté du mur, pour rendre le passage libre.

Ceux que le hasard rendit témoins de ce fait, furent saisis d'étonnement et d'admiration. Ils en parlèrent à l'un de nos historiens de la Peste, M. *Bertrand* qui se fit un devoir de le mentionner dans sa relation.

(8) M. *Rigord* montra toute l'énergie de son caractère dans les soins personnels qu'il donna à son épouse, à son neveu, à ses commis, et à plusieurs de ses domestiques, qui moururent de la Peste, sous ses yeux. Ces pertes l'affligèrent, sans l'intimider.

Il reprit bientôt avec son zèle accoutumé, les travaux qu'exigeaient les besoins de la ville, dès le commencement de la contagion. Il réalisait ainsi les souhaits de l'Intendant de la Province, M. *Lebret*, toujours empressé à seconder M^{rs} les Echevins, dans leurs efforts pour amoindrir tant de malheurs...

Pendant plus de 25 ans, M. *Rigord* remplit avec beaucoup de distinction les devoirs attachés à sa place de Sub-Délégué. Désintéressé autant qu'on peut l'être, il n'aspirait qu'à l'honneur d'être utile au bien du Pays, et croyait que c'était un des moyens les plus sûrs pour acquérir quelque titre à l'estime publique. M. *Lebret* et la Cour, qui connaissaient à fond toute la noblesse des mouvements de son âme, ne cessaient d'y applaudir. Ses vues, en ce qui concerne les lettres, n'étaient pas moins élevées.

Il avait orné son esprit par des études sérieuses, surtout par celle des plus savants modèles de l'antiquité. Il se rendit de bonne heure fort habile, même en ce qui concerne la chronologie.

Profond érudit sans pesanteur, il usait de sagesse et de goût dans l'emploi des connaissances variées qu'il possédait. Il ne lui fut donc pas difficile d'obtenir dans les sciences et dans les lettres, les plus illustres suffrages. Nous croyons achever son éloge, en disant que Fénelon l'honora de son amitié.

Lorsqu'en 1726 fut instituée dans Marseille l'Academie des Belles-Lettres, on se hâta de l'inviter à en faire partie. Il accepta cet honneur avec plaisir, et assista aux séances de la Compagnie aussi assidûment que le lui permettaient ses occupations, et sa santé, d'ordinaire assez faible.

Par malheur, cet affaiblissement vint à s'accroître tout à coup, et s'aggrava peu à peu jusqu'à amener le terme de ses jours. Il avait été pieux toute sa vie; il le fut plus encore à mesure qu'il approchait de sa mort. Elle arriva le 20 juillet 1727. Il était âgé de 71 ans. Des regrets sincères éclatèrent alors de tous côtés; mais la douleur qu'éprouva l'Académie fut bien plus amère. Elle venait de perdre en lui un de ses membres, ou plutôt un de nos fondateurs les plus distingués.

(9) Il n'est pas surprenant que Marseille ait eu tant à souffrir du fléau qu'apporta de Syrie le Capitaine Chataud. La plus petite parcelle extraite d'une de ces marchandises devenait un germe de mort. C'était un venin indestructible !

Toulon eut malheureusement à subir les plus déplorables conséquences de la même cause. Voici comment :

Dans les premiers jours d'octobre 1720, des pêcheurs de Bandol eurent la malheureuse idée d'aller prendre sur l'île de Jarre une des balles de soie qui y étaient déposées. Ils en choisirent une qui n'était ni éparse, ni éventrée, ayant par conséquent encore tout son venin !..

Elle fut funeste à tous les copartageants et à ceux qui les entouraient; mais un contrebandier connu, parvint à se rendre maître d'un petit flocon de cette soie, et à l'introduire furtivement dans Toulon. La Peste s'y alluma aussitôt !

Vainement veut-on lui opposer les précautions que suggère la prudence la plus éclairée: L'incendie est établi; il prend des forces, s'accroît d'heure en heure, et ne s'éteindra que lorsqu'il n'aura plus d'aliment.

La communauté de Toulon était alors formée de trois Echevins, à la tête desquels était M. le chevalier d'*Antrechaus*.

Il serait impossible de dire tout ce que fit ce magistrat, pour être utile à ses concitoyens. Il déploya ce qu'il y avait en lui d'énergie, de courage, et d'activité.

Quand il eut le chagrin de perdre la coopération de ses deux collègues, qu'avait enlevés le fléau, son zèle s'accrût encore avec ses devoirs. Il puisa dans son caractère le surcroît de ressources dont il avait besoin

Là ne s'arrêta pas son dévouement. Il désira que tant d'épreuves, quoiqu'infructueuses, ne fussent pas perdues pour l'instruction de l'avenir. Il en traça un tableau fidèle, où il disait tout ce qu'il fallait craindre, et surtout ce qu'il ne fallait pas négliger.

Ce beau travail l'honore comme écrivain, et le peint bien comme le noble ami de son pays!

Il le termine par une énumération triste, mais nécessaire.

Il désigne soixante trois villes ou villages de la Province qui furent atteintes par le fléau; joint au nombre de *seize mille personnes* que Toulon vient de perdre les *cinquante mille* qu'avait perdues Marseille, et arrive au chiffre total de *deux cent mille* victimes!

Devant un tel résumé, les réflexions s'éteignent. Il faut gémir sur la cause de cette immensité de malheurs!

La Cour pensa sagement qu'il fallait mettre un terme à tant de désastres.

Elle ordonna que l'on brulerait desuite, sur l'île de Jarre, tout ce qui y restait de la cargaison du capitaine Chataud; même l'intérieur du navire qui l'avait apportée!

(10) Ce simple monument, si bien décoré par le ciseau de *Chardigny*, présente les deux inscriptions suivantes :

(A la face sud.)

A L'ÉTERNELLE MÉMOIRE

DES HOMMES COURAGEUX DONT LES NOMS SUIVENT :

LANGERON, COMMANDANT DE MARSEILLE ;

DE SILLES, GOUVERNEUR VIGUIER ;

DE BELSUNCE, EVÊQUE ;

ESTELLE, PREMIER ECHEVIN ;

MOUSTIER, AUDEMAR, DIEUDÉ, ECHEVINS ;

ROZE, COMMISSAIRE GÉNÉRAL

POUR LE QUARTIER DE RIVE-NEUVE ;

MILLEY, JÉSUITE, COMMISSAIRE POUR LA RUE

DE L'ESCALE, PRINCIPAL FOYER DE LA CONTAGION ;

SERRE, PEINTRE CÉLÈBRE, ÉLÈVE DE PUGET ;

ROZE L'AÎNÉ, ET ROLLAND, INTENDANTS DE LA SANTÉ ;

CHICOINEAU, VERNY, PEYSSANEL, MONTAGNIER,

BERTRAND, MICHEL ET DEIDIER, MÉDECINS.

ILS SE DÉVOUÈRENT POUR LE SALUT DES MARSEILLAIS

DANS L'HORRIBLE PESTE DE 1720.

(*A la face couchant.*)

HOMMAGE A PLUS DE CENT CINQUANTE RELIGIEUX ;
A UN GRANDE NOMBRE DE MÉDECINS.
DE CHIRURGIENS ;
QUI MOURURENT VICTIMES DE LEUR ZÈLE
A SECOURIR ET CONSOLER LES MOURANTS.
LEURS NOMS ONT PÉRI ;
PUISSE LEUR EXEMPLE N'ÊTRE PAS PERDU !
PUISSENT-ILS TROUVER DES IMITATEURS,
SI CES JOURS DE CALAMITÉ VENAIENT A RENAITRE !

(11) Parmi ceux qui ont bien voulu s'intéresser à notre faible travai sur le Père Milley, nous comptons spécialement le R. P. Lazare Reynard, supérieur actuel de la Maison des Jésuites de Lyon. Qu'il nous permette de l'en remercier. Son suffrage nous a été un honorable encouragement et un utile concours.

Nous offrons aussi nos plus sincères remerciements a MM. Demandols, Charles Kothen, J.-B. Sardou, Désiré Menut et Adolphe Pastoret, pour les divers renseignements que nous devons à leur obligeance.

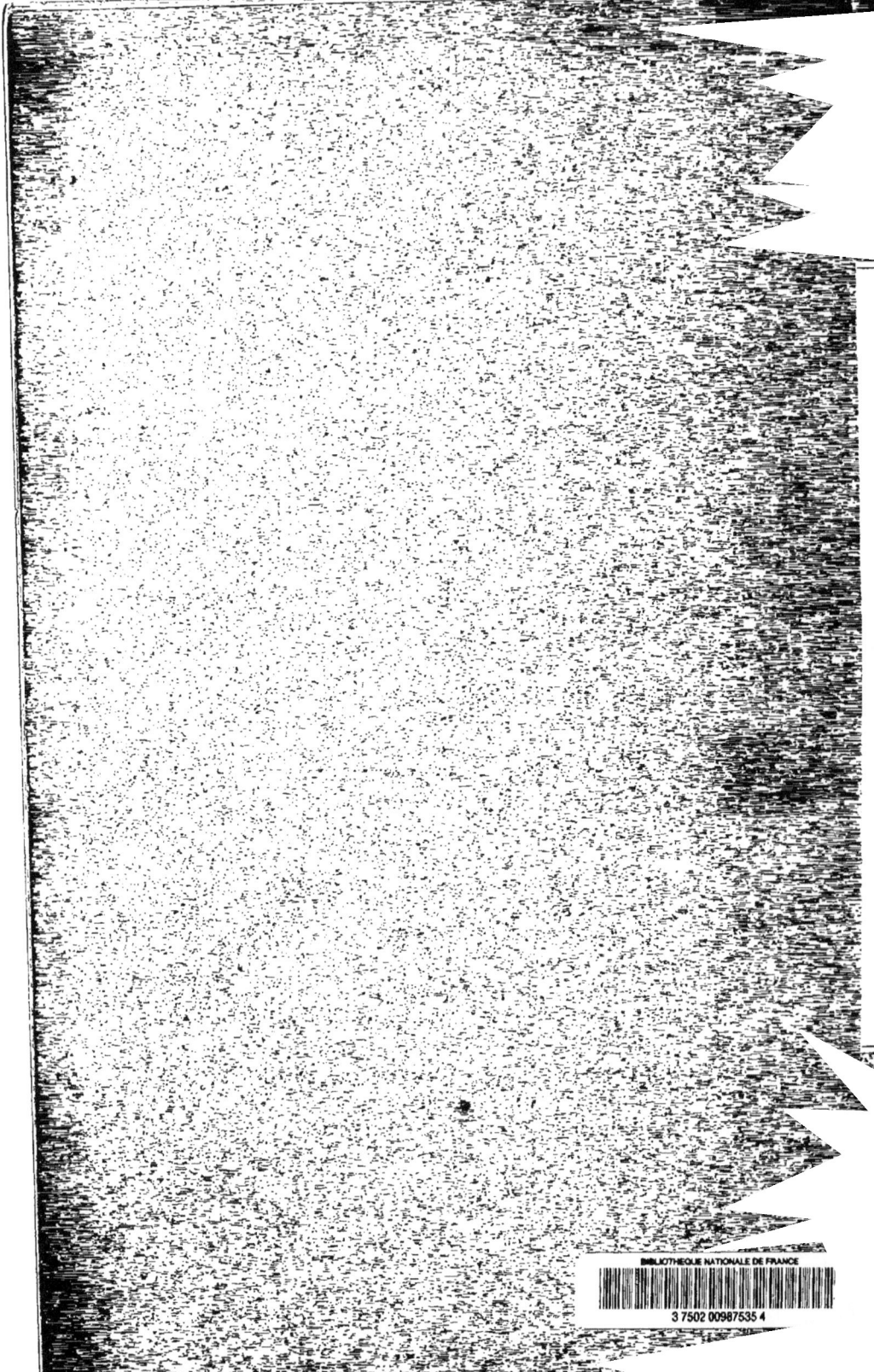

www.ingramcontent.com/pod-product-compliance
Lightning Source LLC
Chambersburg PA
CBHW060907050426
42453CB00010B/1593